C'était un voyage difficile

Original story by
Jennifer Degenhardt

Original translation and adaptation by
Theresa Marrama

Editing by
Françoise Piron

Cover Art by
Samantha Smith

To all the immigrants who make *un voyage difficile* to the United States.

TABLE DE MATIÈRES

REMERCIEMENTS

A huge thank you to Terri Marrama, a French teacher and author, for not only the translation, but the adaptation of this story from the original Spanish. She believes, as I do, that culture and language are inextricably linked and having a story written in French for learners of the language makes that much more sense if the story takes place in a Francophone region. Thanks to her, readers know more about the harrowing journey some Haitian immigrants make in search of a better life in the United States.

And as always, a huge *merci* to Françoise "Swaz" Piron for taking on the hard work of editing the manuscript. I often make jokes about my French causing Swaz's eyes to bleed, and for that I am so thankful that she is able to fix my errors in grammar and word choice. Swaz makes me look like I know a lot more than I do! *Merci beaucoup !*

Finally, thank you to Zoe Bashor, an art student artist at the Paint it Black Art studio in Carlsbad, California, under the tutelage of Lisa Funston. Student artists at Paint It Black are a dream to work with as they are able to create such wonderful images from simple descriptions of the stories. *Merci !*

NOTE

In French, the **passé simple** is the usual tense for narrating stories in the past, especially in literary texts, fairy tales, and historical accounts. However, for our purpose in this reader, we are focusing on teaching students the **passé composé** and **imparfait**, which are the tenses most commonly used in everyday speech and writing. The **passé composé** is used for completed actions, while the **imparfait** describes ongoing situations, habits, or background details. By using these two tenses instead of the **passé simple**, students can better understand how to express past events in practical and conversational contexts.

Chapitre 1
Jamil

Il était dix heures du soir. Je suis enfin arrivé à la maison avec ma famille. J'avais une femme et trois enfants : deux filles et un garçon. Ils étaient au lit et Noémie, ma femme, était dans la cuisine. Elle préparait les haricots pour le lendemain[1].

J'ai ouvert la porte et j'ai salué ma femme.

—Bonjour, mon amour. Comment ça va ?

—Bonjour, Jamil. Tu as eu une longue journée? Tu veux manger ?

—Oui. Merci beaucoup.

Normalement, je travaillais 14 heures par jour, de huit heures du matin jusqu'à dix heures du soir. J'avais deux emplois. Pendant la journée, je travaillais dans une petite usine de cuir près de la maison, et le soir j'étais chauffeur de taxi privé. J'utilisais la voiture de mon frère pour emmener les touristes et d'autres personnes où ils le désiraient. Ma famille avait besoin de

---

[1] le lendemain : the next day.

l'argent des deux emplois. Les enfants étaient tous les trois à l'école et ils avaient besoin de matériel pour étudier. La vérité était que mon salaire de l'usine n'était pas suffisant et à cause de ça, j'étais chauffeur de taxi le soir.

J'ai pris la soupe que Noémie m'avait préparée et elle m'a expliqué un autre problème.

—Jamil, la machine à laver ne fonctionne pas.

—Qu'est-ce qui s'est passé ?

—Je ne sais pas, mais je ne peux pas laver les vêtements.

—D'accord.

—Tu sais que j'ai besoin de la machine à laver pour mon travail.

—Oui, Noémie. Je le sais.

Ce problème avec la machine à laver n'était pas nouveau. Et je savais très bien que ma femme avait besoin de l'utiliser pour son travail. En plus de s'occuper de notre maison, elle travaillait pour une famille américaine qui avait une maison en ville. Elle la nettoyait et quelquefois leur préparait de la nourriture.

Elle nettoyait aussi les vêtements d'autres familles qui n'avaient pas de machine à laver. Comme moi, ma femme avait deux emplois. Avec quatre emplois il n'y avait parfois pas assez d'argent. Nous n'étions pas riches. Nous n'étions pas très pauvres. Mais la vie était très difficile, surtout avec ce nouveau problème de machine à laver.

Les problèmes économiques ne touchaient pas seulement notre famille. Il y avait beaucoup de personnes en Haïti qui souffraient comme nous. Le pays n'était pas très riche.

—Demain, c'est dimanche, ai-je dit à Noémie. Après la messe, je vais essayer de réparer la machine à laver.

—Merci, Jamil.

Chapitre 2
Noémie

Le dimanche était mon jour favori dans ma ville. J'habitais à Port-au-Prince, en Haïti, avec ma famille : mon mari, Jamil, et mes trois enfants : Camille, Yvette et Marc. Les filles avaient 8 et 7 ans, et mon petit Marc avait 5 ans. Ma famille était toute ma vie.

Un matin, comme tous les dimanches, nous sommes allés à l'église. Nous avons marché huit pâtés de maison jusqu'à la place centrale où se trouvait l'église, de couleur jaune. La ville avait une population de plus ou moins 900 000 personnes et les dimanches, beaucoup de gens étaient sur la place publique. Le dimanche était le jour de repos. Les personnes qui n'étaient pas croyantes marchaient dans le quartier, parlaient avec d'autres et passaient simplement du temps avec leur famille et leurs amis. Tout le monde avait quelque chose à faire mais personne n'était pressé.

—Tout le monde est prêt ? On part, j'ai dit à Jamil et aux enfants.

—Oui, maman, ont crié les enfants.

Avant de sortir de la maison, Jamil a pris son chapeau. C'était un chapeau qu'il portait tous les jours. J'ai regardé mon mari. Il était toujours fatigué à cause de ses heures de travail, mais ce jour-là, ses yeux aussi étaient fatigués. Il était très préoccupé. Il était préoccupé par la machine à laver, mais il l'était aussi à cause du problème d'argent. Il n'y en avait pas assez pour la famille. Quand il en parlait, il disait toujours : « Quand il y en a, il y en a. Quand il n'y en a pas, il n'y en a pas ». En ce moment, et depuis les six derniers mois, il n'y avait pas d'argent dans notre ménage².

—Noémie, m'a dit Jamil. Je ne sais pas ce que nous allons faire si je ne peux pas réparer la machine à laver. Il y a toujours des problèmes avec cette machine à laver.

—Jamil, ne t'inquiète pas. Tout va bien se passer. Nous en parlerons après la messe, je lui ai répondu.

Je l'ai pris par le bras et nous avons continué à marcher en direction de l'église.

---

² ménage : household

Chapitre 3
Jamil

Un matin, j'étais très fatigué. Après l'église, nous sommes retournés chez nous pour prendre le déjeuner.

Après avoir mangé un peu de sòs poul[3] avec du riz, j'ai travaillé pendant six heures sur la machine à laver, mais elle ne fonctionnait toujours pas. C'était un gros problème. J'allais demander aux hommes de l'usine de trouver une solution.

—Noémie, je sors. Je vais à l'usine, j'ai dit à ma femme.

—D'accord. Mange quelque chose. Je t'aime, Jamil. Ça va aller.

J'ai marché pendant cinq minutes jusqu'à l'usine. C'était une petite usine ; mes frères et moi étions propriétaires[4] de l'usine, mais j'étais la seule personne qui y travaillait. Avec

---

[3] sòs poul : Haitian chicken in sauce.
[4] propriétaires : owners

deux autres employés, nous fabriquions[5] des bottes avec le célèbre cuir de notre région.
Un des salariés, Guy, était à sa table. C'était un bon employé.

—Bonjour, Guy. Comment ça va ?

—Bonjour, Jamil. Je vais bien. Et toi ?

—Je vais bien, merci.

—Jamil, est-ce qu'il y a encore du cuir pour faire des bottes ?

—Non, Guy. Nous n'en avons plus. Je vais en parler à mon frère.

Mon frère Luc était celui qui achetait les matériaux dont nous avions besoin pour l'usine.

Je l'ai appelé au téléphone :

—Salut, Luc. C'est moi, Jamil.

—Jamil, mon frère. Comment ça va ?

—Luc, tu as du cuir ?

---

[5] fabriquions : made

—Non, mon frère. Je n'en ai pas. Je n'ai pas d'argent pour en acheter.

—Luc, sans matériaux, nous ne pouvons pas faire de bottes. S'il n'y a pas de travail pour les hommes, l'usine va fermer.

—Oui, Jamil. C'est un problème pour tout le monde.

—Luc. Tu ne comprends pas. J'ai beaucoup de problèmes financiers.

Le salaire de l'usine n'était pas suffisant pour ma famille et la machine à laver ne fonctionnait pas. J'avais besoin d'argent.

—C'est horrible, Jamil. Qu'est-ce que nous pouvons faire ?

—Luc, je dois aller aux États-Unis. Tu as un contact là-bas ?

—Jamil, ce voyage est très long et dangereux. Tu ne dois pas y aller.

—Mais, Luc, aux États-Unis, je peux gagner plus d'argent. Je vais me préparer pour le voyage.

—D'accord, mon frère. Je vais te donner un peu d'argent pour le voyage. Je vais aussi contacter mon ami en Floride. Il peut t'aider.

—Merci, Luc. Et est-ce que tu peux prendre soin de ma famille ?

—Oui, bien sûr.

—Merci, mon frère.

Après cette conversation, j'ai décidé d'aller aux États-Unis pour chercher du travail.

Chapitre 4
Noémie

Nous étions dans la cuisine après le dîner. Il y avait seulement mes enfants et moi parce que Jamil travaillait ce soir-là. Quelques touristes avaient besoin d'aller à l'aéroport et Jamil les y conduisait.

—Maman, a dit Camille, ma fille aînée, pourquoi est-ce que je dois faire mes devoirs ? J'aime pas ça.

—Camille, tu sais que les devoirs sont très importants. L'éducation est très importante et les devoirs font partie de ça.

—D'accord. Mais j'aime pas ça.

Yvette était à table avec sa sœur. Elle n'avait pas de devoirs, mais elle voulait faire ses « devoirs » comme Camille.

Cette dernière m'a dit :

—Maman, je dois aller à la papeterie pour acheter du matériel.

—Et de quoi tu as besoin ? Tu as déjà des crayons, des marqueurs et une règle.

—Le professeur dit que nous avons besoin d'une boîte spéciale pour un projet que nous faisons, elle a expliqué.

—Pourquoi est-ce que tu me le dis maintenant ? je lui ai demandé d'une voix fâchée. Quand est-ce que tu as besoin de ce matériel ?

—Je ne sais pas, maman. On a parlé du projet aujourd'hui à l'école.

Je n'étais pas fâchée, mais préoccupée. La vérité était que nous n'avions pas d'argent pour cela et Marc avait besoin de nouvelles chaussures. Et la machine à laver ne fonctionnait pas et je ne pouvais plus gagner d'argent. La situation était grave. Jamil était aussi très préoccupé. Il n'allait pas être content d'apprendre ça.
Quand Jamil est arrivé à la maison, mon fils était dans son lit, mais les filles étaient encore dans la cuisine et elles étaient très heureuses de voir leur papa ce soir-là.

—Salut, papa, elles lui ont dit en lui sautant dans les bras.

—Salut, mes filles. Comment allez-vous ? Qu'est-ce que vous faites ?

—Camille et moi faisons nos devoirs, a répondu Yvette.

—Yvette, tu n'as pas de devoirs, lui a dit Camille, sa sœur aînée. Tu dessines seulement.

—D'accord Camille, mais Yvette a aussi des devoirs, j'ai expliqué à ma fille.

Je suis allée à la cuisinière chercher le dîner pour mon mari. Il ne disait rien pendant qu'il mangeait. Il avait très faim. J'ai dit aux enfants d'aller se brosser les dents.

Après avoir mangé, Jamil a mis son assiette dans l'évier et il est revenu à table.

—Noémie, on doit parler. Notre famille a besoin de plus d'argent. Il n'y a pas assez d'heures dans la journée pour travailler.

—Oui, Jamil. Je sais. Je suis aussi préoccupée. Qu'est-ce qu'on va faire ?

—Je dois aller aux États-Unis.

—Mais, Jamil. Comment ? Comment est-ce que tu vas y aller ? Qu'est-ce que nous allons faire ici ?

—Noémie, Luc va nous aider.

—Jamil, je n'aime pas ton plan. Tu dois être avec ta famille.

—Je veux être avec ma famille. Je préfère être avec ma famille. Mais la vérité est que je peux gagner plus d'argent aux États-Unis et que je peux vous envoyer de l'argent.

Je n'aimais pas cette idée, mais je savais que c'était la meilleure option pour notre famille.

—Tu veux y aller quand ?

—Dans trois jours.

Chapitre 5
Jamil

Un soir, je suis revenu tôt à la maison après mon travail à l'usine. Après le dîner, Noémie est allée dire aux enfants que j'allais aller aux États-Unis. Les filles et Marc n'allaient pas tout comprendre mais ils allaient être tristes.

Noémie était dans la cuisine. Elle préparait le repas et les enfants jouaient dehors. C'était comme si tout était normal, mais ce n'était pas le cas. Le lendemain, j'allais partir de la maison très tôt et j'allais laisser ma vie en Haïti pendant longtemps. Ce voyage était nécessaire. Ma famille avait besoin de l'argent que je pouvais gagner si je travaillais aux États-Unis.

Je pensais aller en Floride. J'avais un ami haïtien qui habitait là-bas. On disait que le voyage était très difficile, surtout en mer. J'avais seulement besoin de mon sac à dos, parce que ce n'était pas une bonne idée d'apporter beaucoup de choses. J'allais prendre un autre pantalon, une chemise, de l'argent et une photo de ma famille. Les hommes à l'usine m'ont donné une nouvelle paire de bottes. J'étais prêt.

Est-ce que j'étais prêt à voyager à mille kilomètres ? Je ne connaissais qu'Haïti, je n'avais pas beaucoup d'expérience en dehors de cela. Je ne savais rien en dehors d'Haïti. J'allais avoir besoin de beaucoup de chance pour ce voyage.

Noémie a appelé la famille :

—À table !

Les enfants ont couru. Ils avaient très faim, comme d'habitude.

Ma femme a crié :

—Lavez-vous les mains ! Souvenez-vous, les enfants : se laver les mains, c'est très important.

Après avoir mangé, j'ai expliqué mon projet de voyage à Camille, Yvette et Marc. Les enfants n'ont rien dit, mais Marc a demandé :

—Je ne comprends pas tout, papa, mais quand est-ce qu'on part?

—Non, mon fils. J'y vais seul. Tu vas rester avec ta maman et tes sœurs.

—Mais non, papa. Je veux y aller avec toi !

—Ce n'est pas possible, Marc. Papa doit y aller seul. Mais je vais vous téléphoner.

D'habitude, Camille ne pouvait pas arrêter de parler. Mais ce soir-là, elle n'avait qu'une seule question :

—Papa, quand est-ce que tu vas revenir ?

—Je ne sais pas, ma fille. Je ne sais pas.

Chapitre 6
Noémie

C'était dur pour Jamil de partir de la maison pour voyager. Quelques amis m'ont parlé du voyage en Floride et ils m'ont dit que c'était très dangereux. J'étais préoccupée pour mon mari et pour ma famille aussi.

La vie que nous avions ici à Port-au-Prince… était bonne, mais difficile. Jamil travaillait beaucoup ; à l'usine et comme chauffeur de taxi pour son frère. Mais il n'y avait pas assez d'argent pour les nouveaux pantalons ni pour sortir au restaurant de temps en temps. Il y avait seulement de l'argent pour la nourriture et le matériel nécessaire pour les enfants.

Je ne savais pas ce que nous allions faire sans les deux salaires de mon mari quand il serait[6] aux États-Unis. Jamil a dit que Luc nous aiderait, mais je ne voulais pas créer de problèmes pour lui. Luc avait aussi une famille.

---

[6] il serait : he would be.

J'étais également préoccupée, mais pour une autre raison. J'avais une douleur horrible à l'estomac. Je ne voulais pas le mentionner à Jamil avant son voyage. J'allais aller chez le médecin la semaine suivante.

Chapitre 7
Jamil

Le voyage en direction des Bahamas était horrible. Tout d'abord, j'ai dû voyager à l'arrière d'un camion pendant sept heures jusqu'à la côte nord d'Haïti, jusqu'à Port-de-Paix.

Une fois à Port-de-Paix, j'ai dû monter sur un vieux ferry qui a mis une heure pour arriver à l'île de la Tortue, un centre majeur de construction navale. Sur le ferry, j'ai rencontré deux frères haïtiens qui allaient aux États-Unis comme moi.

—Bonjour. Je suis Richard et voici mon frère, Guy.

—Bonjour. Vous allez où ?

—Nous allons à l'île de la Tortue et de là nous allons prendre un bateau pour aller aux États-Unis.

—Moi aussi. Je ne peux pas gagner assez d'argent en Haïti.

—Ne mentionne pas que tu es haïtien. La police est stricte avec les migrants haïtiens aux États-Unis, Guy m'a dit.

—Oui, Richard a affirmé. Tu dois choisir une nouvelle identité. Tu ne peux pas dire que tu es d'Haïti. Mon frère et moi pouvons t'enseigner tout ce que tu dois savoir si la police te pose des questions.

Depuis ce jour-là, Richard, Guy et moi avons voyagé ensemble. Nous sommes arrivés à l'île de la Tortue après une heure sur le ferry. Nous avions faim.

Richard m'a dit :

—Maintenant, nous allons monter sur un petit bateau, mais il n'a pas de moteur.

C'était le deuxième voyage aux États-Unis pour Richard. Il m'a expliqué qu'on devait monter sur un petit bateau sans moteur pour aller aux États-Unis en secret.

Les deux frères et moi sommes montés sur ce bateau. On devait aller sous le pont. Il n'y avait pas beaucoup d'espace sur le pont pour nous ni pour les trente autres personnes qui faisaient partie du groupe. Il n'y avait même pas d'espace pour bouger.

Nous avons voyagé ainsi pendant cinq jours. Nous avions un peu d'eau, mais nous n'avions pas de nourriture. Nous n'avions pas assez d'argent pour en acheter.

—Jamil, m'a dit Richard. Tu ne parles pas beaucoup. À quoi penses-tu ?

—Je pense à ma famille. Elle me manque. Je ne les ai pas vus depuis longtemps.

—Je comprends parfaitement. C'est difficile de quitter sa famille. Parle-moi d'eux.

Alors, pendant deux heures ou plus, nous avons tous les trois parlé de nos familles.

Chapitre 8
Noémie

Jamil était parti de la maison depuis dix jours. Cela faisait longtemps que nous étions séparés. La vie continuait ici, à Port-au-Prince. Je me levais chaque jour avec les enfants. Ils se préparaient pour aller à l'école et je nettoyais la maison de la famille américaine avant d'aller à l'usine. L'après-midi, je travaillais avec les hommes à l'usine. Je fabriquais des tee-shirts et des jeans. Je ne gagnais pas beaucoup d'argent, mais ce que je gagnais en nettoyant, c'était suffisant.

Un matin avant d'aller à l'école, Marc m'a demandé :

—Maman, quand est-ce que papa va revenir ?

—Oh, Marc, mon fils. Papa voyage aux États-Unis maintenant. Il ne va pas revenir avant longtemps.

—Dans combien de temps ?

—Les enfants, venez ici. Je dois vous en dire plus au sujet du voyage de votre papa. Papa voyage vers le nord et il ne va pas revenir avant longtemps. Il voyage pour chercher du travail.

Yvette m'a interrompue :

—Alors, est-ce que nous allons aussi aller aux États-Unis ? Si papa y travaille, on doit être avec lui.

—Yvette, c'est vrai, on doit être avec papa, mais ce n'est pas possible. Les États-Unis sont très loin d'Haïti. De plus, papa devait y aller parce que la famille a besoin de l'argent qu'il va gagner.

Mais, Camille m'a demandé :

—Pourquoi est-ce que nous avons besoin d'argent ? Papa travaille beaucoup et toi aussi. Nous avons besoin d'argent ? Pourquoi quitter Haïti ?

J'ai essayé alors de calmer mes enfants :

—Les enfants, ne vous inquiétez pas. Papa va revenir quand il aura gagné assez d'argent pour la famille. Vous savez qu'il vous aime beaucoup et moi aussi. Nous voulons le meilleur pour cette famille. Maintenant, allons à l'école.

Je savais que mes enfants n'aimaient pas la raison pour laquelle leur papa n'était pas à la maison, mais je ne pouvais pas en dire plus. Ils devaient être à l'heure à l'école et aujourd'hui, j'avais besoin d'aller tôt à l'usine parce que j'avais rendez-vous chez le médecin à midi.

J'avais encore mal à l'estomac. J'avais très mal à l'estomac.

Chapitre 9
Jamil

Voyager sur un petit bateau était très difficile et très dangereux. C'était presque impossible pour les personnes faibles. J'avais beaucoup de chance d'avoir mes amis, Richard et Guy, qui m'aidaient et m'encourageaient. Je les aidais aussi. Nous arrivions à nous occuper, mais les autres personnes n'avaient pas cette chance.

Il y avait des voleurs qui volaient les possessions des autres. Il y avait aussi des personnes qui étaient malades et d'autres qui étaient passées par-dessus bord[7] pour différentes raisons. C'étaient des incidents terribles. C'était horrible d'entendre les cris de ces gens.

Je pensais beaucoup à ma famille. J'aurais préféré[8] être à Port-au-Prince avec ma femme et mes trois enfants.

---

[7] par-dessus bord : overboard.
[8] j'aurais préféré : I would have preferred .

Je ne les avais pas vus pendant presque trois semaines.

Nous avons voyagé pendant longtemps. Au moment d'arriver aux Bahamas, nous avons rencontré un énorme problème.

Il y avait un autre bateau qui s'approchait de nous, avec de nombreux hommes à bord. C'était un bateau de la gendarmerie maritime. Ils nous bloquaient le passage et l'un des agents nous a interpellés :

—Tout le monde doit venir avec nous pour aller au poste de police. Nous savons que vous êtes haïtiens et que vous voyagez de façon illégale.

—Qu'est-ce que je fais ? j'ai demandé à Richard. Il connaissait bien les règles d'immigration parce qu'il avait déjà voyagé. Je veux m'enfuir mais je ne sais pas quoi faire…

—Jamil, tu ne dois pas fuir. Tu dois aller avec les agents de la gendarmerie maritime. Ils vont te poser beaucoup de questions mais ils ne vont pas te garder en détention.

—Pourquoi ?

—Ces hommes ne gagnent pas beaucoup d'argent non plus. Ils veulent de l'argent. Si tu leur donnes de l'argent, tu n'auras plus de problèmes.

—C'est une bonne idée, mais je n'ai pas d'argent.

—Prends cet argent, il a dit en me donnant un peu d'argent.

—Merci... mais je ne peux pas l'accepter... Je ne sais pas quoi dire...

—Ne dis rien, tu es un homme bien. Bonne chance. Nous nous reverrons[9] aux États-Unis.

—Merci. Merci mille fois à vous deux.

Je leur ai serré la main et j'ai serré les deux hommes dans mes bras. C'étaient des hommes bien. Finalement, je suis monté dans le bateau de la gendarmerie maritime et je les ai accompagnés.

---

[9] nous nous reverrons : we will see each other again.

Chapitre 10
Noémie

Après avoir déposé les enfants à l'école, j'ai marché quatre pâtés de maison jusqu'à l'usine. Je marchais avec difficulté parce que j'avais très mal à l'estomac. J'ai ouvert la porte et j'ai salué les hommes.

—Bonjour tout le monde. Comment allez-vous ?

Je n'ai pas fini ma question car je suis tombée par terre. La douleur était horrible.

—Madame, ça va ? a demandé Pierre.

—Non. Je suis très malade. Tu peux appeler un médecin ?

—Oui, Madame. Tout de suite.

Pierre a couru vers le téléphone et a appelé un médecin.

L'autre homme, Jean, a appelé un taxi. Il m'a aidée à monter dans le taxi et nous sommes allés à l'hôpital.

*****

Nous sommes arrivés aux urgences. Jean a expliqué à l'infirmière que j'étais malade avec une douleur à l'estomac.

—Allez à la salle numéro 3. Le médecin va arriver dans un moment.

—Merci, a dit Jean à l'infirmière.

Jean m'a aidée à me mettre dans le lit.

—Merci, Jean. Tu es un homme bien.

—Madame, ne vous inquiétez pas.

Une doctoresse est entrée dans la salle et après m'avoir donné son nom, elle m'a examinée. Elle a touché mon estomac et pris ma température. J'avais de la fièvre.

La doctoresse m'a dit :

—Madame, vous avez une infection. Vous avez besoin d'une opération. Maintenant.

J'essayais de protester :

—Mais je dois m'occuper de mes enfants. Et je n'ai pas d'argent pour…

Je n'ai pas terminé ma phrase, car j'ai perdu connaissance[10]. Pierre m'a dit plus tard que j'ai immédiatement subi une opération.

---

[10] perdu connaissance : lost consciousness.

Chapitre 11
Jamil

L'un des agents de la gendarmerie maritime m'a posé beaucoup de questions. Avec ce que j'ai appris de Richard et Guy, je leur ai donné le nom de ma ville en Haïti et d'autres informations quant à ma « vie haïtienne ». Je n'avais pas besoin de chanter l'hymne national, je payais ce qui était nécessaire, mais je ne leur ai pas donné tout mon argent, seulement un peu.

Une fois toutes les questions posées, un agent m'a dit :

—Vraiment, je n'arrive pas à déterminer si tu es haïtien ou non. Mais je pense que tu es quelqu'un de bien. Tu peux retourner dans le bateau sans problème.

Je ne savais pas quoi dire, alors j'ai répondu simplement :

—Merci, monsieur.

Après deux jours aux Bahamas, j'étais dans la rue à Nassau, la capitale des Bahamas, quand j'ai vu un homme que je connaissais. Il s'appelait Guillaume, et c'était aussi un passeur[11]. Et il m'a dit qu'il allait m'aider à aller aux États-Unis.

—Jamil, tu veux aller où aux États-Unis ?

—J'ai l'intention d'aller à Miami. J'ai un ami là-bas.

—C'est bien d'avoir des amis. Tu es prêt à aller aux États-Unis en bateau ? Nous partons ce soir.

—Oui. Je suis prêt.

À neuf heures du soir, sans la lumière de la lune, Guillaume et moi avons marché sur la côte. Nous avons mangé un peu de pain et bu de l'eau d'une grande bouteille que nous avions.

—Mon frère, la vie aux États-Unis est très difficile pour les migrants.

Quand je suis monté sur le petit bateau sans moteur, il n'y avait que moi et cinq autres

---

[11] passeur : human smuggler.

personnes. Les autres personnes ont dû retourner en Haïti. Nous n'avons pas parlé, il y avait un grand silence. J'avais mon sac à dos près de moi et je l'ai serré dans mes bras. J'avais peur, j'avais faim et ma famille me manquait.

La première chose que je voulais faire une fois en Floride était de chercher un téléphone public pour appeler ma femme en Haïti.

Chapitre 12
Noémie

Je suis retournée chez moi après trois jours à l'hôpital. Luc et sa famille m'aidaient beaucoup à m'occuper des enfants, et ils m'ont donné de l'argent. Mais en vérité, Camille et Yvette étaient très responsables et aidaient beaucoup à la maison. Camille faisait la cuisine et Yvette nettoyait la maison. Marc n'aidait pas beaucoup mais il ne causait pas de problèmes non plus.

Toutes les personnes du quartier m'aidaient aussi. Un voisin a réparé la machine à laver, un autre voisin a préparé de la nourriture et un autre a emmené les enfants à l'école. J'étais très contente, je n'avais pas besoin de m'inquiéter. J'avais besoin de me reposer quelques jours de plus parce que je voulais bientôt retourner à l'usine. J'avais aussi besoin de laver des vêtements pour les voisins, car nous avions toujours besoin d'argent.

Un matin, une voisine est arrivée à la maison pour accompagner Camille, Yvette et Marc à l'école.

—Bonjour, Rachelle.

—Bonjour Noémie. Comment ça va ? Comment va ton estomac ?

—Oh, Rachelle, ça va mieux, mais j'ai encore mal. Je veux retourner au travail.

—Je comprends bien, mais tu dois te reposer.

À ce moment-là, j'ai crié à mes enfants :

—Yvette, Camille, Marc... Vous êtes prêts pour aller à l'école avec Rachelle ?

Les enfants sont venus dans la cuisine, prêts à sortir. Ils étaient très sages.

—Oui, maman. Nous allons à l'école, m'a dit Yvette.

—Yvette, salue Madame Rachelle s'il te plait.

—Je suis désolée. Bonjour Madame Rachelle. Comment allez-vous ?

—Bonjour, Yvette. Ça va bien. Tu es prête ?

—Oui, nous sommes tous prêts. Allons-y.

Mes enfants m'ont embrassée et sont sortis l'un après l'autre de la maison avec Rachelle.

Quand la porte s'est fermée, le téléphone a sonné.

—Allô ?

—Allô, Noémie, c'est moi, Jamil.

Mon mari me téléphonait ! J'étais tellement contente d'entendre sa voix.

—Salut mon amour. Comment ça va ?

—Noémie, tu me manques beaucoup.

—Oui, Jamil, tu me manques aussi. Où es-tu maintenant ?

—Je suis dans une ville au bord de la mer, près des États-Unis. Je suis fatigué. Ce soir je vais monter dans un bateau avec un groupe de gens.

—Fais attention Jamil.

—Oui, Noémie. Comment ça va ?

Tout à coup, l'appel s'est interrompu et je n'ai plus entendu la voix de Jamil. Je ne pouvais pas lui parler de mon estomac ou de ma visite à l'hôpital. C'était mieux pour Jamil. Il n'avait pas besoin de ces informations pendant son voyage. C'était vrai que j'allais mieux physiquement, mais j'étais triste. La vie était encore difficile.

Chapitre 13
Jamil

Après deux jours en bateau, je me suis reposé et j'ai mangé un peu de pain. J'étais prêt à me rendre aux États-Unis pour la première fois. J'ai parlé avec un groupe de personnes qui étaient dans le bateau avec moi.

Deux amis haïtiens, un homme guadeloupéen et son fils, et une femme haïtienne avec sa fille handicapée formaient ce petit groupe. La fille utilisait des béquilles[12] pour marcher. Lors d'une conversation avec sa mère, j'ai appris son histoire :

—Ce voyage va être très difficile pour toi avec ta fille.

—Oui, c'est très difficile. Mais ce voyage est nécessaire. Je dois arriver aux États-Unis avec ma fille parce qu'elle a besoin d'une opération pour son dos.

—Je comprends parfaitement. On va avoir plus de chance de réussir là-bas, non ?

---

[12] béquilles : crutches.

—C'est vrai.

C'était le soir. Nous avons continué à voyager jusqu'en Floride. Nous étions un petit groupe. Il faisait mauvais ; il pleuvait et les vagues étaient horribles. La femme haïtienne serrait sa fille dans ses bras. Elle m'a regardé et elle a commencé à pleurer. Il était clair qu'elle avait peur.

Finalement, nous avons aperçu les côtes de la Floride au loin.

Chapitre 14
Noémie

C'était dimanche à Port-au-Prince. C'était mon jour de la semaine préféré parce que c'était un jour de repos. Comme d'habitude, tout le monde était sur la place publique. Mon estomac allait bien, mais j'étais encore fatiguée. Je me suis assise sur un banc et j'ai regardé les gens.

Sur la place publique, il y avait beaucoup de gens. Il y avait un groupe d'élèves qui portaient les mêmes chemises bleues. Elles étaient d'une école anglaise près de Port-au-Prince. Elles parlaient avec les touristes, pour exercer leur anglais. Il y avait aussi des garçons qui nettoyaient les bottes pour gagner de l'argent. J'ai aussi vu beaucoup de filles qui sautaient à la corde. J'étais fatiguée physiquement, mais j'étais aussi fatiguée émotionnellement et mentalement. Je n'avais aucune nouvelle de Jamil depuis une semaine. Je ne l'avais pas vu depuis un mois. Il voulait aller en Floride afin de se mettre en contact avec quelques amis de Port-au-

Prince.   Mais est-ce qu'il était arrivé en Floride ? Et quand ?

La vie était normale. Les enfants allaient à l'école pendant la semaine, je travaillais à l'usine et nous allions à l'église tous les dimanches pour prier pour mon mari. Mes enfants allaient bien parce que c'étaient de bons enfants, mais leur papa leur manquait. Ils ne me posaient presque jamais de questions à ce sujet. Je savais que j'étais forte et que je pouvais m'occuper de la famille seule, mais la vie était meilleure quand nous étions ensemble.

Est-ce que tu allais bien, Jamil ? J'espérais que oui.

Chapitre 15
Jamil

Avec beaucoup de chance je suis finalement arrivé en Floride. Je suis descendu du bateau avec mes vêtements sales. J'avais de la peine à croire [13] que j'étais aux États-Unis.

J'avais très faim. Je n'avais pas mangé depuis trois jours. Mon estomac ne me faisait pas mal mais j'avais dormi dans le bateau pendant une heure et demie juste avant d'arriver en Floride.

Il faisait très froid. La ville que j'ai vue devant moi était énorme.

Je me sentais perdu. Il n'y avait pas beaucoup de gens qui parlaient français à Miami. Je ne savais pas quoi faire. Pour me protéger du froid, j'ai mis les mains dans mes poches. J'ai alors senti une pièce de monnaie, la pièce que le passeur m'avait donnée. J'ai marché vers un téléphone public pour téléphoner à mes amis qui habitaient ici.

---

[13] J'avais de la peine à croire : I could barely believe.

—Allô, Jean ? C'est moi, Jamil. Oui. Oui, je suis à Miami.

Jean est venu me chercher. Pendant que je l'attendais, j'ai pensé au voyage très difficile que j'avais fait pour arriver ici. Cela en valait la peine. Je me sentais bien et je savais qu'ici, aux États-Unis, j'allais gagner l'argent dont j'avais besoin.

Jean est arrivé à Miami avec d'autres amis. Tout le monde m'a serré la main et m'a embrassé. Ils m'ont félicité.

Après être monté dans le camion, je leur ai demandé :

—Je voudrais téléphoner chez moi, à Port-au-Prince. J'ai besoin d'un peu d'argent.

Jean m'a répondu alors :

—Bien sûr, Jamil. Prends cet argent. Téléphone à ta famille.

J'ai marché encore une fois vers un téléphone public et composé le numéro de ma maison.

—Salut, Noémie. C'est moi, Jamil. Je vais bien.
Je suis arrivé.

GLOSSAIRE

The translations provided are specific to the context in which they are used in this book.

A

a - has
à - to, at
(d') abord - first
accepter - to accept
accompagner - to accompany
accompagné - accompanied
(d')accord - okay
achetait - bought
acheter - to buy
aéroport - airport
affirmé - stated
afin - in order to
agent(s) - agent(s)
ai - have
aidaient - helped
aidais - helped
aidait - helped
aident - help
aider - to help
aiderait - would help
aidé - helped
aimaient - liked
aimais - liked
aime - like

aînée - older
ainsi - thus
allaient - were going
allais - was/were going
allait - was going
aller - to go
allez - go
allions - were going
allons - go
allé/e(s) - went
allô - hello on the phone
alors - so
ami(s) - friend(s)
amour - love
américaine - American
anglais/e - English
ans - years
aperçu - noticed/ caught sight of
appel - call
appeler - to call
appelait - was called
appelé - called
apporter - to bring
apprendre - to learn

appris - learned

approchait - was approaching

après - after

argent - money

arrive - arrive/s

arriver - to arrive

arrivions - were arriving

arrivé/e(s) - arrived

arrière - back

arrêter - to stop

as - have

assez - enough

assis - sat

attendu - waited

attention - attention

au(x) - to/at the

aucune - none

aujourd'hui - today

aura(s) - will have

aussi - also

autre(s) - other

avaient - had

avais - had

avait - had

avant - before

avec - with

avez - have

avions - had

avis - opinion

avoir - to have

avons - have

B

Bahamas - island nation in the Caribbean

banc - bench

bateau - boat

beaucoup - a lot

béquilles - crutches

(avoir) besoin - to need

bien - well

(à) bientôt - soon

bleues - blue

bloquaient - were blocking

bon/ne(s) - good

bonjour - hello

bord - edge

bottes - boots

bouger - to move

bouteille - bottle

boîte - box

bras - arms

brosser - to brush

bu - drank

C

c'/ça/ce - this, it
calmer - to calm
camion - truck
capitale - capital
car - because
cas - case
causait - caused
cause - cause/s
cela - that
célèbre - famous
celui - the one, one
centrale - central
centre - center
ces - these
cet/te - this
chance - chance
chanter - to sing
chapeau - hat
chaque - each
chauffeur - driver
chaussures - shoes
chemise(s) - shirt(s)
chercher - to look for
chez - at the home of
chose(s) - thing(s)
cinq - five
combien - how many/ much
comme - like, as
commencé - began

comment - how
composé - dialed
comprendre - to understand
comprends - understand
connaissais - knew
connaissait - knew
construction - construction
contact - contact
contacter - to contact
content/e - happy
continuais - continued
continuait - continued
conversation - conversation
corde - rope
côte(s) - side
couleur - color
(tout à coup) - all of a sudden
couru - ran
crayons - pencils
cris - screams
crié - yelled
croyais - believed
croyantes - believers
créer - to create
cuir - leather
cuisine - kitchen

cuisinière - stove

D

d'/de(s)/du - of, from
dangereux - dangerous
dans - in
décidé - decided
dehors - outside
déjeuner - lunch
déjà - already
demain - tomorrow
demander - to ask
demandé - asked
demie - half
dents - teeth
déposé - dropped
depuis - since
derniers - latest
dernière - last
descendu - descended
désiraient - wanted
désolée - sorry
dessines - draw
dessus - above
détention - detention
déterminer - to determine
deux - two
deuxième - second
devais - should

devait - should
devant - in front of
devoirs - homework
devraient - should
difficile - difficult
difficulté - difficulty
différentes - different
dimanche(s) - Sunday(s)
dîner - to dine
dire - to say
dis - say
disait - was saying
dit - said
dix - ten
doctoresse - doctor (f.)
dois - must
doit - must
donnais - gave
donnant - giving
donner - to give
donnes - give
donné - gave
dont - of which
dormi - slept
dos - back
douleur - pain
dû - had to

E

eau - water
école - school
économique(s) -
    economic
éducation - education
également - also
église - church
élèves - students
elle - she
elles - they
embrassé - gave a kiss
emmener - to take
    away
emmené - took away
émotionnellement -
    emotionally
emplois - jobs
employé(s) -
    employee(s)
en - in, on
encore - again
encourageaient -
    encouraged
enfants - kids
enfuir - to escape
énorme - giant
enseigner - to teach
ensemble - together
entendre - to hear
entreprise - company

entrer - to enter
entré - entered
envoyer - to send
es - are
espace - space
espérais - hoped
essayais - was trying
essayer - to try
est - is
estomac - stomach
et - and
étaient - were
étions - were
étais - was
était - was
États-Unis - United
    States
êtes - are
étions - were
être - to be
étudier - to study
eux - them
évident - evident
évier - sink
examiné - examined
exercer - to practice
expérience -
    experience
explique - explain/s
expliquer - to explain
expliqué - explained

F

fabriquais - made/ was making
fabriquions - made/ were making
fâchée - angry
faibles - weak
faim - hunger
faire - to do, make
fais - do
faisaient - were doing
faisait - was doing
faisons - do
fait - does, makes
faites - do
famille(s) - family(ies)
fatigué/e(s) - tired
favori - favorite
façon - way
femme - woman
fermer - to close
fermée - closed
ferry - ferry
fièvre - fever
fille(s) - girl(s), daughter(s)
fils - son
finalement - finally
financiers - financial
fini - ended
Floride - Florida

fois - time, instance
fonctionnait - was working
fonctionne - works
fonctionné - worked
font - do, make
formaient - were forming
forte - strong
français - French
frère(s) - brother(s)
froid - cold
fuir - to escape

G

gagnais - were earning
gagne - earn/s
gagnent - earn
gagner - to earn
gagné - earned
garder - to keep
garçon(s) - boy(s)
gendarmerie - police force
gens - people
grand/e - big
grave - serious
gros -big
groupe - group
guadeloupéen - Guadeloupean

H

habitaient - were living
habitais - were living
habitait - was living
(d')habitude - usually
handicapée - handicapped
haricots - beans
Haïti - Haiti
haïtien/ne(s) - Haitian
heure(s) - hour(s)
heureuses - happy
histoire - story
homme - man
hommes - men
horrible(s) - horrible
huit - eight
humains - human
hymne national - national anthem
hôpital - hospital

I

ici - here
identité - identity
idée - idea
il - he
île - island
illégale - illegal
ils - they

immigration - immigration
immédiatement - immediately
important/e(s) - important
impossible - impossible
incidents - incidents
infection - infection
infirmière - nurse
informations - information
inquiète - worried
inquiéter - to worry
inquiétez - worry
intention - intention
interpellé - arrested
interrompu(e) - interrupted

J

j'/je - I
jamais - never
jaune - yellow
jeans - jeans
jouaient - were playing
jour(s) - day(s)
journée - day
jusqu'à - until

juste - fair

K
kilomètres - kilometers

L
l'/la/le(s) - the
là - there
là-bas - over there
laisser - to leave
laquelle - which
laver - to wash
lavez - wash
lendemain - next day
leur(s) - their
levé - raised
lit - bed
loin - far
long/ue - long
longtemps - longtime
lors - during
lui - to him/ to her
lumière - light
lune - moon

M
m'/me - me, myself
ma - my
machine à laver - washing machine

madame - madam, missus
main(s) - hand(s)
maintenant- now
mais - but
maison - house
majeur - major
mal - bad, hurt
malade(s) - sick
maman - mom
mange - eat/s
manger - to eat
mangé - ate
manquait - was missing
manque - miss
manques - miss
marche - walk/s
marcher - to walk
marché - walked
mari - husband
maritime - maritime (of the sea)
marqueurs - markers
matin - morning
matériaux - materials
matériel - material
mauvais - bad
médecin - doctor
meilleur/e - better
même(s) - same

mémoriser - to memorize
ménage - household
mentalement - mentally
mentionner - to mention
mer - sea
merci - thank you
mère - mother
mes - my
messe - mass
mettre - to put
midi - afternoon
mieux - better
migrants - migrants
mille - thousand
minutes - minutes
mis - put
moi - me
moins - less
mois - month
moment - moment
mon - my
monde - world
monnaie - change, coins
monsieur - sir, mister
monter - to climb
monté - climbed
moteur - motor

N

n'/ne - not
national - national
navale - naval
nécessaire - necessary
nettoyaient - were cleaning
nettoyais - was cleaning
nettoyait - was cleaning
neuf - nine
ni - nor
nom - name
nombreux - numerous
non - no
nord - north
normal/e - normal
normalement - normally
nos - our
notre - our
nourriture - food
nous - we
nouveau(x) - new
nouvelle(s) - new
numéro - number

O

occuper - to occupy
oh - oh

on - we
ont - have
opération - operation
option - option
ou - or
où - where
oui - yes

P
pain - bread
paire - pair
paix - peace
pantalon(s) - pant(s)
papa - dad
papeterie - stationery store
par - by
par-dessus bord - overboard
parce que - because
parfaitement - perfectly
parfois - sometimes
parlaient - were talking
parlait - was talking
parle - speak/s
parler - to speak
parlerons - will speak
parles - speak
parlé - spoke

parti - left
partie - part
partir - to leave
partons - leave
pas - not
passage - passage
passaient - were passing
passent - pass
passer - to pass
passeur - human smuggler
passé(s) - past
pâtés - (city) blocks
pauvres - poor
payais - paid
pays - country
peine - trouble
pendant - while
pensais - was thinking
pense - think/s
penses - think
pensé - thought
perdu - lost
personne(s) - person(s)
petit/e - small
peu - little
peur - fear
peut - can
peux - can

photo - photo
phrase - sentence
physiquement - physically
pièce - coin
place - square
plaît - please
plan - plan
plat - dish
pleurer - to cry
pleuvait - was crying
plus - more
poches - pockets
police - police
pont - bridge
population - population
port - port, harbor
portaient - were carrying
portait - was carrying
porte - door
posaient - were asking
pose - ask/s
poser - to ask
possessions - possessions
possible - possible
poste(de police) - police station
posé/es - put

(sòs) poul - Haitian chicken in sauce
pour - for
pourquoi - why
pouvais - could
pouvait - could
pouvons - can
pratiquer - to practice
préfèrais - preferred
préfère - prefer/s
préféré - preferred
première - first
prendre - to take
prends - take
préoccupé/e - worries
préparaient - were preparing
préparait - was preparing
préparer - to prepare
préparé/e - prepared
près - near
presque - almost
pressé - pressed (for time)
prêt/e(s) - ready
prier - to pray
pris - taken
privé - private
problème(s) - problem(s)

prochain/e - next
professeur - teacher
projet - project
propriétaires - owners
protester - to protest
protéger - to protect
public - public
publique - public

Q
qu'/que - that
quand - when
quant (à)- as to
quartier -
  neighborhood
quatre - four
quelqu'un - someone
quelque - some
quelquefois -
  sometimes
quelques - a few
question(s) -
  question(s)
qui - who
quitter - to leave
quoi - what

R
raison(s) - reason(s)
regardé - watched
règle(s) - rule(s)

région - region
rencontrons - meet
rencontré - met
rendez-vous -
  appointment
rendre - to give back
réparer - to repair
réparé - repaired
repas - meal
réponds - respond
répondu - responded
repos - rest
reposer - to rest
reposé - rested
responsables -
  responsible
restaurant -
  restaurant
rester - to stay
retourner - to return
retourné - returned
revenir - to come back
revenu - came back
reverrons - will see
  again
riche(s) - rich
rien - nothing
riz - rice
rue - street

S

s'/se - himself, herself
sa - his, her
sac à dos - backpack
sages - well-behaved
sais - know
salaire(s) - salary(ies)
salariés - employees
sales - dirty
salle - room
salue - greet/s
salut - hi
salué - greeted
sans - without
sautaient - were jumping
sauté - jumped
savais - knew
savez - know
savoir - to know
savons - know
se - himself, herself
secret - secret
semaine(s) - week(s)
séparés - separated
sentais - felt
sept - seven
serait - would be
serrait - hugged
serré - hugged
ses - his, her

seul/e - alone
seulement - only
si - if
silence - silence
simplement - simply
situation - situation
six - six
sœur(s) - sister(s)
soin - care
soir - evening
solution - solution
sommes - are
son - his, her
sonné - rang
sont - are
sorti - went out
sortir - to go out
sòs poul - Haitian chicken in sauce
souffraient - suffered
soupe - soup
sous - below
souvenez - remember
spéciale - special
stricte - strict
subi - suffered
suffisant - sufficient
suis - am
(tout de) suite - all of a sudden
sujet - subject

sur - on
surtout - especially
(bien) sûr - of course

T

t'/te - you, yourself
ta - your
table - table
taxi - taxi
tee-shirt - t-shirt
téléphone - telephone
téléphoner - to call
téléphoné - called
tellement - so much
temps - time (season, period)
température - temperature
terminé - ended
terre - earth
terribles - terrible
tes - your
toi - you
tombé - fell
ton - your
tortue - turtle
tôt - early
touchaient - touched
touché - touched
toujours - always
touristes - tourists

tous - all
tout/e(s) - all
trafiquant - trafficker
travail - work
travaillais - worked
travaillait - worked
travaille - work/s
travailler - to work
trente - thirty
très - very
triste(s) - sad
trois - three
trouvait - found
trouver - to find
tu - you

U

un/e - a, an
urgences - emergencies
usine - factory
utilisé - used
utiliser - to use

V

va - goes
vagues - waves
vais - go
valait - was worth
vas - go
venaient - came

venez - come
venir - to come
venu - came
vérité - truth
verrai - will see
vers - towards
vêtements - clothes
veulent - want
veux - want
vie - life
vient - come
vieux - old
ville - city
visite - visit/s
voici - here is
voir - to see
voisin(s) - neighbor(s)
voisine - neighbor
voiture - car
voix - voice
volaient - were flying
voleurs - thieves
vont - go

votre - your
voudrais - would like
voudrait - would like
voulais - wanted
voulait - wanted
voulons - want
vous - you
voyagaient - were travelling
voyage - trip, journey
voyager - to travel
voyagez - travel
voyagions - travels
voyagé - travelled
voyais - saw
vrai - true
vraiment - truly
vu(s) - saw

Y

y - there
yeux - eye

ABOUT THE AUTHOR

Jennifer Degenhardt taught high school Spanish for over 20 years and now teaches at the college level. At the time she realized her own high school students, many of whom had learning challenges, acquired language best through stories, so she began to write ones that she thought would appeal to them. She has been writing ever since.

Other titles by Jen Degenhardt:

Sancho en San Juan
Los chicos: Matías y Brayan | The Boys: Matías and Brayan
La chica nueva | *La Nouvelle Fille* | The New Girl | *Das Neue Mädchen* | *La nuova ragazza*
La invitación | *L'invitation* | The Invitation | *L'invito* | *Die Eindalung*
Salida 8 | *Sortie no. 8* | Exit 8
Raíces
Chuchotenango | *La terre des chiens errants* | *La vita dei cani* | Dogland
Pesas | *Poids et haltères* | Weights and Dumbbells | *Pesi*
Moda personal | *Style personnel*
LUIS, un soñador | *Le rêve de Luis* | Luis, the DREAMer
El jersey | The Jersey | *Le Maillot*
La mochila | The Backpack | *Le sac à dos*
Moviendo montañas | *Déplacer les montagnes* | Moving Mountains | *Spostando montagne*

La vida es complicada | La vie est compliquée | Life is Complicated

El verano de las oportunidades | Summer of Opportunities

Clic o no clic: la decisión final | Cliquer ou ne pas cliquer : la décision finale

El Mundial | La Coupe du Monde | The World Cup | *Die Weltmeisterschaft in Katar 2022 | La Coppa del Mondo*

Quince | Fifteen | *Douze ans*

El viaje difícil | Un voyage difficile | A Difficult Journey

La niñera | The Nanny

¡¿Fútbol...americano?! | Football...américain ?! | Soccer->Football??!!

Era una chica nueva | La nouvelle fille est arrivée

Levantando pesas: un cuento en el pasado

La vida era complicada

Se movieron las montañas

Fue un viaje difícil | C'était un voyage difficile

¿Qué pasó con el jersey? | Qu'est-il arrivé au maillot ?

Cuando se perdió la mochila

Con (un poco de) ayuda de mis amigos | With (a little) Help from My Friends | *Un petit coup de main amical | Con (un po') d'aiuto dai miei amici*

La última prueba | The Last Test

Los tres amigos | Three Friends | *Drei Freunde | Les trois amis*

La evolución musical

María María: un cuento de un huracán | María María: A Story of a Storm | *Maria Maria: un histoire d'un orage*

Debido a la tormenta | Because of the Storm

La lucha de la vida | The Fight of His Life

Secretos | Secrets (French) | Secrets Undisclosed (English)

Como vuela la pelota

Cambios | Changements | Changes

De la oscuridad a la luz | From Darkness into Light | *Dal buio alla luce | De la obscurité à la lumière | Aus der Dunkelheit ins Licht*

El pueblo | The Town | *Le village*

 @jendegenhardt9

@PuentesLanguage

World LanguageTeaching Stories (Facebook group)

Visit www.puenteslanguage.com to sign up to receive information on new releases and other events.

Check out all titles as ebooks with audio on www.digilangua.co.

ABOUT THE TRANSLATOR

Theresa Marrama has been teaching French to both middle and high school students since 2007. She lives in Northern New York. Since the age of 15, she has had a passion for language and culture. This passion has only continued to grow since she has stepped into the classroom.

Theresa is also a published CI author! She specializes in writing comprehensible readers in both French and Spanish. She has books available in German as well. She believes in the power of reading, and wants her students, as well as students everywhere, to be totally engaged and empowered to learn through reading. You can check out her novels if you click on the bookstore link above. These novels will connect with your students as they cover a range of topics, cultures, life lessons, life choices and so much more.

ABOUT THE EDITOR

Françoise "Swaz" Piron was born and raised in Geneva, Switzerland, the daughter of a French mother and a Belgian father. She taught French (and German) at South Jefferson CSD for 35 years and retired in June 2021. She is a member of several world language teacher organizations, including ACTFL, NYSAFLT and AATF. She was a regular item writer and consultant at the NYS Education Department for the two French state exams for over 20 years. Swaz has presented numerous workshops at the local, state and national levels. She is the recipient of several NYSAFLT awards, was named "Chevalier dans L'Ordre des Palmes Académiques" by the French Ministry of Education and is the co-author of the book "*World Class, the Re-education of America*". When she is not proofreading or translating readers, she can be found doing outdoor activities, reading or working as a server in a local restaurant.

ABOUT THE COVER ARTIST

Samantha T. Smith is a high schooler who has lived in Southern California all her life. Ever since she first picked up a pencil, art has been a big passion of hers. Sam typically draws humanoid characters, and she even created her own universe of original characters from her thoughts. This love of art has driven her to plan to take 2D art for the rest of high school as she is dominant in the sketching field. After high school, Sam plans to not let her creativity go to waste.

www.ingramcontent.com/pod-product-compliance
Lightning Source LLC
Chambersburg PA
CBHW060349050426
42449CB00011B/2888